BEI GRIN MACHT SICH IHR WISSEN BEZAHLT

AF153545

- Wir veröffentlichen Ihre Hausarbeit,
  Bachelor- und Masterarbeit

- Ihr eigenes eBook und Buch -
  weltweit in allen wichtigen Shops

- Verdienen Sie an jedem Verkauf

Jetzt bei www.GRIN.com hochladen
und kostenlos publizieren

Parteien und Parteisysteme. Ein Überblick für das Staatsexamen Lehramt (Bayern)

Ufuk Pekdemir

Bibliografische Information der Deutschen Nationalbibliothek:

Die Deutsche Nationalbibliothek verzeichnet diese Publikation in der Deutschen Nationalbibliografie; detaillierte bibliografische Daten sind im Internet über http://dnb.d-nb.de abrufbar.

ISBN: 9783346598042
Dieses Buch ist auch als E-Book erhältlich.

Parteien und Parteisysteme

Inhalt

1. Allgemeines

Definition nach Max Weber:

Eine Partei ist eine auf freiwilliger Zugehörigkeit beruhende Gruppe, welche innerhalb eines größeren Verbandes Macht erstrebt, um ihre Leiter/Teilnehmer Macht bzw. Chancen zur Durchsetzung von sachlichen Zielen und/oder Erlangung von persönlichen Vorteilen ermöglicht.

Definition nach Schultze 2015

„Partei [...] meint im allgemeinsten Begriffsverständnis eine Gruppe gleichgesinnter Bürger, die sich die Durchsetzung gemeinsamer polit. Vorstellungen zum Ziel gesetzt haben." (Schultze 2015, S. 445)

Die politischen Parteien in Deutschland ...

-   ... spielen eine wichtige Rolle im demokratischen Willensbildungsprozess
-   ... haben „Verfassungsrang" (Art. 21 GG) und finden ihre „nähere" gesetzliche Grundlage im Parteiengesetz von 1967
    -   Parteiengesetz von 1967 als Reaktion auf Forderungen des BVerfG zur Regelung der Parteienfinanzierung
    -   weitreichende Vorstellungen basieren auf der Parteienstaatstheorie von Gerhard Leibholz
-   ... gehören zu den zentralen **„intermediären"** Institutionen → diese *„sind auf die Äußerung und Bündelung gesellschaftlicher Interessen zu entscheidungsfähigen Alternativen spezialisiert"* (Schmidt 2016, S. 82)
-   ... sind frei in ihrer Gründung (und bedürfen also keiner staatlichen Genehmigung)
-   ... sollen auf einer transparenten und demokratischen Prinzipien entsprechenden finanziellen Grundlage stehen
-   ... müssen in Zielen und innerer Organisation demokratischen Grundsätzen entsprechen
-   ... können vom Bundesverfassungsgericht als verfassungsfeindlich verboten werden

2. Rechtliche Grundlagen

-   *„Die Parteien wirken bei der politischen Willensbildung des Volkes mit. Ihre Gründung ist frei. Ihre innere Ordnung muss demokratischen Grundsätzen entsprechen. Sie müssen über die Herkunft und Verwendung ihrer Mittel sowie über Ihr Vermögen öffentlich Rechenschaft geben."* (Art. 21, Abs.1 GG) + Absätze 2-5 → (5) *„Das Nähere regeln Bundesgesetze"*

-   **Parteiengesetz** (§2, Abs. 1) gibt eine **Definition** einer „Partei" vor: [Bezug Parteiverbot]
    -   *„Parteien sind Vereinigungen von Bürgern, die dauernd oder für längere Zeit für den Bereich des Bundes oder eines Landes auf die politische Willensbildung Einfluss nehmen und an der Vertretung des Volkes im Deutschen Bundestag oder einem Landtag mitwirken wollen [...]. Mitglieder können nur natürliche Personen sein."*
    -   auch: Parteien als „ein verfassungsrechtlich notwendiger Bestandteil der fdGO"
    -   Weitere Regelungen des Gesetzes:
        -   Mindestvorgaben zur inneren Ordnung der Parteien (Satzung, Untergliederungen, Organe, ...)
        -   Staatliche Parteienfinanzierung
        -   Rechenschaftslegung (Herkunft und Verwendung der finanziellen Mittel)

- Verfahren bei unrichtigen Rechenschaftsberichten
- Ausführungsbestimmungen zur Umsetzung von Parteiverboten (bisherige Verbote: 1952 SRP und 1956 KPD)
- **Aufgaben der Parteien** Parteiengesetz (§1 Abs. 2)

Die Parteien wirken an der Bildung des politischen Willens des Volkes *auf allen Gebieten des öffentlichen Lebens* mit, indem sie insbesondere…

  o die von ihnen erarbeiteten politischen Ziele in den Prozess der staatlichen Willensbildung einführen (Ziele in Form von Programmen → Politikformulierung)
  o auf die Gestaltung der öffentlichen Meinung Einfluss nehmen (Meinungsbildung)
      ▪ Interessenartikulation und Interessenbündelung
      ▪ unüberschaubare Vielfalt von Meinungen und Interessen werden zu einer begrenzten Zahl abstimmungsfähiger Positionen gebündelt
  o die aktive Teilnahme der Bürger am politischen Leben fördern*
  o zur Übernahme öffentlicher Verantwortung befähigte Bürger heranbilden*
  o die politische Bildung anregen und vertiefen*
  o für eine ständige lebendige Verbindung zwischen dem Volk und den Staatsorganen sorgen*
  o sich durch die Aufstellung von Bewerbern bei Wahlen im Bund, Ländern und Gemeinden beteiligen
      ▪ sie ist zugleich die Mindestfunktion für eine Partei
      ▪ Parteien haben Monopolstellung bei der Rekrutierung des politischen Führungspersonals; im Unterschied zu anderen intermediären Institutionen
  o auf die politische Entwicklung in Parlament und Regierung Einfluss nehmen

(einige Punkte des Gesetzes (mit*markiert) bei Umsetzung eher fraglich → Wissenschaftler sprechen von einer gewissen Politikverdrossenheit, die sich wesentlich in einer Parteienverdrossenheit äußert)

- **Parteienfinanzierung**:
  o Parteien finanzieren sich aus eigenen Einnahmen (Mitgliedsbeiträgen, Spenden, erwirtschafteten Einnahmen) und aus Mitteln der staatlichen Parteienfinanzierung
  o Die Verteilung der staatlichen Mittel richtet sich nach dem Erfolg der Parteien bei Wahlen und nach der Höhe ihrer Mitgliedsbeiträge und der eingeworbenen Spenden (Parteiengesetz § 18)
  o Die aktuellen Regelungen zur staatlichen Teilfinanzierung von Parteien:
      ▪ Absolute Obergrenze (2018: 190,0 Mio. EUR)
      ▪ Zuschüsse zu Wählerstimmen: 0,70 EUR pro Wählerstimme (ab mind. 0,5 % bei Bundes- bzw. 1,0 % bei Landtagswahlen)
      ▪ Zuschüsse zu Beitrags-/Spendeneinnahmen: 0,38 EUR pro Euro bei Mitgliedsbeiträgen und Spenden (letztere bis max. 3.300 EUR pro Person)
- **Abgrenzung** von Parteien zu anderen Organisationen
  o Abgrenzung relevant, da mit Parteienstatus gewisse Privilegien verbunden sind (Bsp. staatliche Parteienfinanzierung)
  o Unterscheidung von Parteien und Vereinen wichtig (siehe Organisierte Interessen)
  o Wichtig für die Einstufung als Partei: Teilnahme an Wahlen zum Bundestag oder Landtag (innerhalb von 6 Jahren, sonst geht Parteienstatus verloren)

3. Entwicklung des Parteiensystems

3.1 Definitionen von „Parteiensystem"

*„Parteiensystem bezeichnet die **Gesamtheit der** in einem Politischen System agierenden **Parteien** und deren regelmäßigen Wechselbeziehungen. Die **Interaktionen** in einem Parteiensystem werden hauptsächlich bestimmt durch die **Anzahl, jeweilige Größenordnung [...], Binnenstruktur** und **programmatisch-ideologische Differenzen** der Parteien."* (Jun 2015, S. 452)

→ oder mit (Rudzio 2015, S. 107) vereinfacht ausgedrückt...

> *„In der Politikwissenschaft wird der Begriff **Parteiensystem** in dem Sinne verstanden, dass er*
> - *die Gesamtheit der Parteien eines Landes,*
>   - *ihre Beziehungen untereinander*
> - *und ihre Funktion im politischen System meint."*

→ Parteiensystem in der parlamentarischen Demokratie hat die Aufgabe von Regierungs- und Oppositionsbildung

3.2 Analysekriterien

3.2.1 Elektorale und gouvernmentale Dimensionen

elektorale Dimension

- **Polarisierung**: Ideologische Distanz --> Konfliktlinien ("Cleavages")
- **Fragmentierung**: Anzahl und Größenverhältnisse (je mehr in etwa gleich starke Parteien vorhanden sind, desto höher ist der Grad an Fragmentierung)
- **Asymmetrie**: Größenverhältnis der beiden größten Parteien oder zweier Parteilager zueinander
- **Volatilität**: Veränderung der Stimmenanteile der einzelnen Parteien gegenüber der vorherigen Wahl(en)

gouvernmentale Dimension

- **Segmentierung**: Ausmaß der Abschottung untereinander (Möglichkeiten der Koalitionsbildung)
- **Regierungsstabilität**: Beständigkeit von Regierungen

3.2.2 Das Cleavage Modell

Definition:

- Gesellschaftliche Spannungslinien als „**cleavages**" (Lipset, Rokkan 1967) bezeichnet
- „*als Cleavages werden nur **tiefgreifende**, über eine **längere Zeit stabile**, **konflikthafte** und **institutionalisierte** gesellschaftliche Spannungslinien angesehen.*" (Niedermayer 2009, S.30)
- Nach Lipset/Rokkan muss nicht jedes einzelne gesellschaftliche Cleavage in zwei die beiden Seiten des Cleavage repräsentierende Parteien transformieren
- Dennoch: Parteien widerspiegeln die gesellschaftliche Cleavage-Struktur

Die vier traditionellen Cleavages:

➔ Wenn nach diesen Gesichtspunkten ein Cleavage identifiziert werden soll, sind vier Grundtypen von Konfliktlinien auszumachen:

- **Zentrum – Peripherie – Konflikt** ➔ zw. Zentralstaatl. Eliten und Vertretern von Minderheiten
- **Kirche – Staat-Konflikt** ➔ Machtanspruch des Nationalstaates und histor. Gewachsenen Vorrechten der (katholischen) Kirche
- **Stadt – Land – Konflikt** ➔ zw. Städtischen Bürgertum und Agrarinteressen des Landadels
- **Klassenkonflikt** ➔ zw. Kapitaleignern und abhängig Beschäftigte (Niedermayer, 2009)
  - ➔ Sie lassen sich bis auf die Bildung der Nationalstaaten bzw. die Industrialisierung zurückverfolgen (Schamburek, 2007)
  - ➔ Damit sind die wesentlichen traditionellen gesellschaftlichen Konfliktlinien in Westeuropa benannt (Niedermayer, 2009)

Heutige Vorstellung

➔ Neue gesellschaftliche Spaltungslinien (keine Positionierung in der Sozialstruktur, sondern über Werteorientierungen)

- Einbezug des Sozialstaatskonflikts um die Rolle des Staates in der Ökonomie (Wertekonflikt zwischen marktliberalen und an sozialer Gerechtigkeit orientierten Konzeptionen)
  - o „**Value cleavage**" (Inglehort 1990): geht über die enge Cleavage-Defintion hinaus
  - o auch Ansatz der „**new cleavages**" (Lipset 2001) baut die auf Wertekonflikte basierenden Spaltungslinien in das Konzept ein (post-industrielle Gesellschaften) **(Breite Cleavage-Definition)**
- Unter einem gesellschaftlichen Cleavage versteht man „*eine tief greifende, über eine längere Zeit stabile, konflikthafte und **im Rahmen des intermediären Systems organisatorisch verfestigte Spaltungslinie** zwischen Bevölkerungsgruppen, die [...] primär über ihre unterschiedlichen Wertvorstellungen definiert sind.*" (Niedermayer 2009, S. 35)

Für Analyse der Konfliktlinien

- Pappis (1973): zweidimensionale Konfliktstruktur bis in die 1970er Jahre hinein
  - o **Sozio-ökonomisch:** Mittelständisch freiberufliche Orientierung vs. Arbeitnehmer-Gewerkschaftsorientierung
  - o **Sozio-kulturell:** Religiös-kirchlich-konfessionelle Bindung vs. Säkularisierung
- Niedermayer (2003): Zwei Hauptkonfliktlinien seit den 1980er Jahren
  - o **Sozioökonomisch** ➔ Sozialstaatskonflikt
  - o **Sozio-kulturell** ➔ Libertarismus-Autoritarismus-Konflikt

→ nicht auf alle Staaten anwendbar; räumliche und zeitliche Dimension entscheidend (siehe unten Beispiel: Kirche-Staat-Konflikt)

Sozio-ökonomischer Bereich: *Konflikte um die Rolle des Staates in der Ökonomie*	Sozio-kultureller Bereich: *Konflikte um die Gestaltung des menschlichen Zusammenlebens*	Politisch-konstitutioneller Bereich: *Konflikte um die Gestaltung der politischen Ordnung*
Sozialstaatskonflikt *(soziale Gerechtigkeit vs. Marktfreiheit), Konflikt um die Rolle des Staates bei der Verteilung von Gütern und Dienstleistungen*	Kirche-Staat-Konflikt *(Konflikt zwischen katholischer Kirche und Staat)*	Systemkonflikt *(Konflikt zwischen demokratischen und undemokratischen Wertorientierungen)*
Eigentumskonflikt *(Staatseigentum vs. Privateigentum an Produktionsmitteln), Konflikt um die Rolle des Staates bei der Produktion von Gütern und Dienstleistungen*	Religionskonflikt *(Konflikt zwischen religiösen und säkularen Wertorientierungen)*	
Stadt-Land-Konflikt *(Konflikt zwischen sekundärem/terziärem und primärem Sektor)*	Libertarismus-Autoritarismus-Konflikt *(Konflikt zwischen libertären und autoritären Wertorientierungen)*	
Ökonomie-Ökologie-Konflikt *(Konflikt um die Ausrichtung der Politik an ökonomischen oder ökologischen Notwendigkeiten)*		
Zentrum-Peripherie-Konflikt *(Konflikt zwischen Mehrheit und ethnischen, sprachlichen, konfessionellen oder sonstigen kulturellen Minderheiten)*		

→ *Denationalisierung vs. Nationalstaatlichkeit* als eigene Konfliktlinie? → Das Emporkommen der AfD seit 2013 bejaht diese These

→ Etablierung neuer Parteien kann auf einen Wandel der Konfliktstrukturen zurückgeführt werden (Bsp. Bündnis 90/Die Grünen)

Abbildung 1 Potentielle Konfliktlinien im politischen Wettbewerb

(Niedermayer 2009, S. 45)

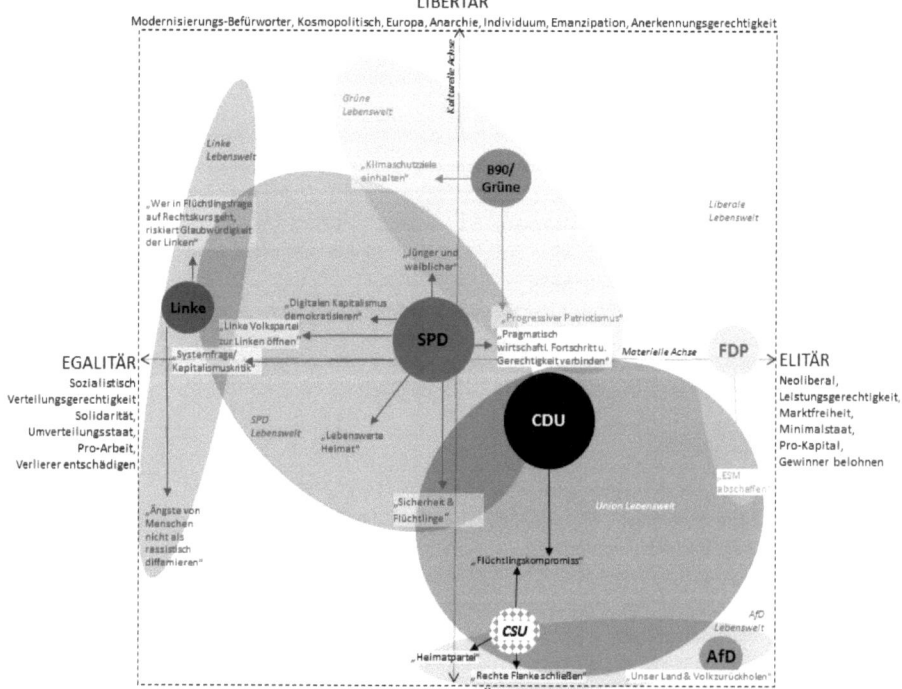

7

3.3 Entwicklungslinien seit dem Zweiten Weltkrieg

3.3.1 Ausgangspunkt der historischen Entwicklung
- Traditionelle Konfliktlinien bildeten sich in Westeuropa des 19. Jahrhunderts vor dem Hintergrund der durch die industrielle Revolution und die Nationalstaatsbildung bewirkten Umbrüche und Verwerfungen heraus
- Wiederspiegelung und Politisierung von **vier zentralen gesellschaftlichen Konfliktlinien**
  - ○ **Kirche-Staat Konflikt** (Machtanspruch des neuen Nationalstaats und historisch gewachsene Vorrechte der katholischen Kirche)
  - ○ **Klassenkonflikt:** Arbeiterschaft vs. Besitzer von Produktionsmittel (Sozialdemokratie)
  - ○ **Stadt-Land Konflikt** (Liberale, Konservative) (hier: städtischer Bürgertum vs. Adel und Großgrundbesitz)
  - ○ **Zentrum-Peripherie Konflikt** (zentralstaatliche Eliten und Vertreter von ethnischen, sprachlichen und religiösen Minderheiten)

→ **Entwicklung des Parteiensystems nach Niedermayer 2006/2009**

3.3.2 Neuformierungsphase nach dem Zweiten Weltkrieg
- Nach Kriegsende entsteht unter **Kontrolle der alliierten Siegermächte** ein neu herausbildendes Parteiensystem
- Zum Teil in **der Kontinuität des Weimarer Systems**, aber auch wesentliche Züge eines Neubeginns
  - ○ 1946 SPD (kurzfristig unterbrochene Kontinuität wegen Parteiverbots in NS-Zeit)
  - ○ 1948 FDP (1945 noch regional hervorgegangen, verband liberale Parteitraditionen)
  - ○ 1950 CDU (→ Zur Bundestagswahl 1949 hatte sich nur ein zentraler Wahlausschuss gebildet; Neuerung zur Weimarer Republik, da interkonfessioneller Charakter im U. zur katholischen Zentrumspartei)
  - ○ KPD (siehe Erklärung bei SPD)
  - ○ Eine Reihe rechter Splitterparteien, bürgerlicher Regionalparteien und sonstiger Kleinparteien (Bayernpartei, Deutsche Partei, Deutsche Zentrumspartei, Block der Heimatvertriebenen und Entrechteten, Sozialistische Reichspartei, ...)
- **Im ersten Deutschen Bundestag**
  - ○ CDU/CSU, SPD, FDP, DP, BP, KPD, WAV, ZP, DKP/DRP, SSW
  - ○ **Asymmetrie** niedrig (Kräfteverhältnis zwischen Union und SPD relativ ausgeglichen)
  - ○ **Fragmentierung** des Parteiensystems insgesamt relativ stark polarisiert (aber dennoch wurde der Polarisierungsgrad der Weimarer Republik nicht erreicht)
  - → Gesamte inhaltliche und strukturelle Charakteristika des neu entstandenen Parteiensystems änderte sich im Laufe der nächsten Jahrzehnte spürbar deutlich
- **Politisch-Gesellschaftliche Trennlinien (Cleavages)**
  - ○ **Verfassungskonflikt:** Demokratie vs. Diktatur (Existenz von KPD und rechtsextremen Parteien)
  - ○ **Klassenkonflikt:** Trennung von SPD (vor Godesberger Grundsatzprogramm) und KPD von bürgerlichen Parteien
  - ○ **Zentrum-Peripherie Konflikt:** Gegensatz von zentralstaatlicher und regionaler Orientierung (Bayernpartei)
  - ○ **Kirche-Staat-Konflikt:** CDU, CSU und Zentrumspartei als Vertreter des öffentlichen Anspruchs christlicher Werte

- o **Einheimische vs. Vertriebene**: „Block der Heimatvertriebenen und Entrechteten"
  (BHE)

3.3.3 Die Konsolidierungsphase der 1950er Jahre
- Ab den **frühen 1950er Jahren** setzte **starker Konzentrationsprozess** ein:
  - o Deutlicher Rückgang der **Fragmentierung, Segmentierung** und **Polarisierung**;
    Herausbildung einer deutlichen **Asymmetrie** zugunsten von CDU/CSU
  - o **Verringerung der Zahl im Parlament vertretenen Parteien** → Konzentration auf
    CDU/CSU – SPD – FDP
    - **Erster Bundestag** (1949-1953): CDU/CSU, SPD, FDP + 7 weitere Parteien
    - **Zweiter Bundestag** (1953-1957): „ " + 3 weitere Parteien
    - **Vierter Bundestag** (1961-1964): „ " ABER keine weitere Partei
- <u>Gründe</u>:
  - o **Wahlrechtsänderung**
    - Überschreiten der Fünf-Prozent-Hürde nun im gesamten Bundesgebiet zu
      übertreffen statt nur in einem Bundesland [s. auch Wahlrecht]
    - dies hat direkte Auswirkungen auf das Wahlverhalten (Befürchtung der
      Wähler: Stimmabgabe für Kleinparteien als Verlust)
  - o Bürgerliche Konkurrenzparteien durch **konsequente Koalitionspolitik von Union**
    eingebunden
    - kleinere christliche, konservative und sonstige Mitte-rechts-Parteien von der
      CDU/CSU „aufgesogen"
    - betrifft vor allem konservative Mittelstandspartei DP, Vertriebenenpartei
      BHE und Bayernpartei
  - o **Parteiverbote** durch Beschlüsse des BVerfG
    - 1952: Sozialistische Reichspartei (SRP)
    - 1956: Kommunistische Partei (KPD)
    - → Systemoppositionelle Parteien scheiden damit aus dem politischen
      Wettbewerb aus
- Entscheidend hier auch: **Verblassen** von **parteibegründenden Konfliktlinien**
  - o Fortschreitende Säkularisierung: entzog dem Zentrum die Grundlage
  - o Regionales Bewusstsein unterlag Erosionsprozess
  - o Parlamentarische Funktionsfähigkeit und wirtschaftlicher Erfolg: Entzog
    systemfeindlichen Parteien wie KPD, SRP und DRP Anhänger
  - o Bedeutungsverlust der Scheidelinie Einheimische/Vertriebene aufgrund erfolgreicher
    Interessenvertretung der BHE (entzog sich selbst die politisch-soziale
    Existenzgrundlage)
  - o Godesberger Grundsatzprogramm von 1959 als Ausdruck für gemäßigtere Positionen
    der SPD im sozio-ökonomischen Bereich → Zuwendung an alle Bürger als
    wertbezogene Volkspartei
- Als **Polarisierung** des Parteiensystems bestimmende **Konfliktdimensionen**:
  - o **Sozio-ökonomischer Gegensatz**: mittelständisch-freiberufliche Orientierung vs.
    Arbeitnehmer-Gewerkschaftsorientierung
  - o **Sozio-kultureller Konflikt**: religiös-kirchlich-konfessionelle Bindung vs.
    Säkularisierung

→ Konfliktstruktur asymmetrisch: beide Großparteien besetzten jeweils einen Pol der beiden Konfliktlinien und rekrutierten daraus sie ihre Kernwählerschaft

3.3.4 Das „Zweieinhalbparteiensystem" der 1960er und 1970er Jahre

- der Konsolidierungsprozess der 1950er Jahre mündete in das relativ stabile **„Zweieinhalbparteiensystem mit bipolarer Struktur"** ein = ein Parteiensystem vom Typ des „gemäßigten Pluralismus" (=3-5 Parteien)

Grundstruktur

- **Geringe Fragmentierung**
  - o Existenz zweier, großer von der Wählerstimmenverteilung her dominierender Parteien (CDU/CSU und SPD) & eine kleine Partei (FDP) mit Mehrheitsbeschaffungs- und Korrekturfunktion
  - o Konzentrationsprozess z.T. 95-99 % der Wählerstimmen für diese drei Parteien
- **Strukturelle Asymmetrie zwischen beiden großen Parteien**
  - ▪ Ende der 1960er Jahre konnte die Asymmetrie verringert werden durch…
    - ● Den Positionswandel der SPD im Bereich der Wirtschaftspolitik (> Angestellte, Beamte / Führungsfigur: Karl Schiller)
    - ● Die Politik der inneren und äußeren Reformen (>68er Generation, Intellektuelle / Führungsfigur: Willy Brandt)
  - ▪ Höhepunkt dieser Entwicklung 1972: SPD mit hauchdünnem Vorsprung stärkste Partei v.a. begründet durch…
    - ● Konstruktives Misstrauensvotum der Union gegen Brandt
    - ● Vorgezogene Bundestagswahl wurde zum Vertrauensvotum der Wähler für den beliebten Bundeskanzler
    - ● Thematische Ausrichtung des Wahlkampfes auf die neue Ostpolitik
  - → Wahl von 1972 ein Ausnahmefall, da keine dauerhafte Veränderung der Symmetrie zwischen den beiden großen Parteien einhergeht
- **Fortbestehen der asymmetrischen, zweidimensionalen Konfliktstruktur** (Beide Konfliktlinien verloren an Bedeutung)
  - o **Sozial-ökonomisch:** Wandel der Erwerbsstruktur beim Übergang von der industriellen zur postindustriellen Gesellschaft (CDU/CSU und FDP vs. SPD)
  - o **Sozio-kulturell:** traditionell-religiöse und individuell-säkulare Werteorientierungen (SPD und FDP vs. CDU/CSU)
  - → DAMIT ist das Parteiensystem von einer geringen Polarisierung gekennzeichnet
- **Keine Segmentierung im Parteiensystem**
  - o Alle relevanten, im Bundestag vertretenen Parteien, allseitig koalitionsfähig
  - o in beiden Jahrzehnten alle theoretisch möglichen Koalitionskonstellationen auch real praktiziert
    - ▪ 1961 CDU/CSU & FDP
    - ▪ 1965 CDU/CSU & FDP → 1966 Rücktritt der FDP-Minister im Zuge der ersten Wirtschaftskrise
    - ▪ Fortsetzung 1966 mit CDU/CSU & SPD
    - ▪ 1969 SPD & FDP (Ende durch konstruktives Misstrauensvotum)
    - ▪ 1972 SPD & FDP
    - ▪ 1976 SPD & FDP

- 1980 SPD & FDP
➔ Seit den 1960er Jahren gemäßigt bipolares Parteiensystem mit zentripetaler Tendenz

3.3.5 Die Pluralisierungsphase der 1980er Jahre
- In den 1980er Jahren folgten **Erosionserscheinungen dieser Grundstruktur**:
  - Keine Transformation des Parteiensystems, sondern relativ moderate Veränderungen in Form einer Pluralisierung (**Polarisierter Pluralismus** = mehr als 5 Parteien; im Unterschied zum gemäßigten Pluralismus mit 3-5 Parteien)
  - Das heißt, Veränderungen im System durch...
    - Erhöhung der Anzahl von Parteien
    - Größenverhältnisse verändert (v.a. Abnahme der Stimmanteile von CDU/CSU und SPD)
    - Inhaltliche Positionen
- **Segmentierung des Parteiensystems**
  - mit Bundestagseinzug der Grünen zunächst eine Partei im Bundestag mit koalitionsunfähigen Eigenschaften
  - Koalitionsfähigkeit von beiden Seiten (also von CDU/CSU, SPD und FDP auf der einen Seite und Die Grünen auf der anderen Seite) nicht gegeben
  - aus bundespolitischer Sicht war dann die Landesebene in den 1980er Jahren auch ein Experimentierfeld für die Koalitionsfähigkeit (SPD & Grüne)
  - Hintergrund: Koalitionspräferenz der FDP entscheidend, für SPD ist ab 1983 Mandatsmehrheit allein mit FDP nicht mehr zu erreichen
- **Asymmetrie** zugunsten von CDU/CSU nimmt wieder zu
  - Entwicklung zu einem Zwei-Gruppenparteiensystem unter Fortbestand der bipolaren Struktur
  - allein Veränderung im linken Lager (mit Einzug der Grünen in den Bundestag)
- **Neu aufkommende gesellschaftlichen Konfliktlinie** zwischen libertären und autoritären Wertesystemen (Erweiterung um eine ökologisch-ökonomische Konfliktdimension)
  - **Libertärer Pol** der neuen Konfliktlinie fand bei der Partei Die Grünen ihren organisatorischen Ausdruck (Gründung 1980, Einzug in den Bundestag 1983)
  - **Autoritärer Pol** (bis dato von NPD repräsentiert) durch die Republikaner und die Deutsche Volksunion (DVU) gestärkt
  - Der Konflikt zwischen libertären und autoritären Wertesystemen überlagert die klassische Konfliktlinie zwischen Kapitel und Arbeit
  ➔ Erhöhung der Fragmentierung & Veränderung der Dimensionalität und Stärke des Parteiensystems
- Ereignisse als Katalysator für die **Umsetzung dieses Konflikts in das Parteiensystem**:
  - **Libertäre Seite**: Auseinandersetzungen um Atomkraftwerke, Atommülldeponien und Wiederaufbereitungsanlagen & NATO-Nachrüstung
  - **Autoritäre Seite**: steigende Asylanten- und Umsiedlerzahlen

3.3.6 Die Entwicklung von der Vereinigung bis zur Bundestagswahl 2005
- Pluralisierungsphase der 1980er Jahre konfrontierte mit der Wende in der DDR
  - durch das **Hinzukommen des DDR-Parteiensystems** im Rahmen der Vereinigung folgte ein **weiterer Fragmentierungs-, Polarisierungs- und Segmentierungsschub**
  - nahezu alle Parteien der ausgehenden DDR haben sich, teilweise nach Fusionen untereinander, mit den entsprechenden westdeutschen Parteien vereinigt

- **Segmentierung**
  - o eine nicht als koalitionsfähig angesehene Partei (Partei des Demokratischen Sozialismus – PDS) betrat gesamtdeutsche politische Bühne
    - ▪ damit weitere Veränderung im linken Lager: PDS feierte große Erfolge in den ostdeutschen Ländern
    - ▪ Entwicklung dort mit gewissen regionalen Unterschieden zu einer dritten Volkspartei neben CDU und SPD
    - ▪ später im Jahr 2007: Fusion der PDS mit WASG zur Partei „Die Linke"
  - o mit Segmentierungsschub Befürchtung zur Wiederkehr in „Weimarer Verhältnisse"
- **Asymmetrie**
  - o Wahlbeteiligung geht zurück
  - o Anteil der großen Parteien an den gültigen Stimmen geht zurück
  - o Längerfristige Identifikation mit einer Partei nimmt ab (Heterogene Wählerschaft)
  - o Gesellschaftliche Individualisierung erschwert Interessen zu bündeln
  - o DAMIT: Schwächung der großen Volksparteien [für ausführliche Begründung siehe „Blick auf Großparteien" unten]

Blick auf Großparteien

*Der in den 1980er Jahren beobachtende negative Trend setzte sich fort. Verstärkt sich aber auch durch die Häufung von Skandalen des politischen Personals. Zudem ist gesellschaftliche Wahrnehmung der ökonomischen Entwicklung negativ geprägt und nicht zuletzt verstärkt das aufsteigende Asylthema den negativen Trend. Allerdings kehrte 1994 für die Großparteien eine Kehrtwende ein, welche sich in den Bundestagswahlen von 1994 widerspiegelt. Die SPD legte deutlich zu, was noch nicht zum Machtwechsel reichen sollte. Eine geschickte Strategie des Bundeskanzlers Helmut Kohl und schwere Fehler der SPD und ihres Kanzlerkandidaten Rudolf Scharping waren hierbei entscheidende Elemente. Mit dem neuen Parteivorsitz Oskar LaFontaine gelang die Zusammenführung der zerstrittenen Partei. Ein effektiver Wahlkampf, der einseitige inhaltliche Positionen verhinderte und gleichzeitig einen moderaten Machtwechsel propagierte, schaffte die SPD sowohl modernisierungsorientierte bürgerliche Wählerschichten der „neuen" Mitte und ihren Traditionswählerschaft aus dem Arbeiter- und Gewerkschaftsmilieu anzusprechen. Dieser Machtwechsel ist nicht allein mit den strategischen Effizienz der SPD erklärbar. Viel mehr spielten auch zentrale Probleme im wirtschafts- und sozialpolitischen Bereich sowie langfristige Einflussfaktoren, wie sozio-kulturelle Wandlungsprozesse, eine große Rolle für die Schwäche der CDU. Trotzdem **kann nicht von einer Verschiebung der strukturellen Asymmetrie zugunsten der SPD gesprochen werden.** Eher zeigt das Parteiensystem eine offene Wettbewerbssituation der beiden Großparteien. Nach dem Machtwechsel 1998 erlitt die SPD zunächst einen Zustimmungsverlust aufgrund mangelnder politisch-konzeptioneller Vorbereitung auf die Regierungsfähigkeit. Dieser Zustand spitzte sich auch durch den Machtkampf zwischen Bundeskanzler Schröder und SPD-Vorsitzender/Bundesfinanzminister LaFontaine zu. Allerdings war auf der anderen Seite die CDU nicht frei von Problemen: die Spendenaffäre um Altkanzler Kohl wurde bekannt. Erst die Übernahme des Parteisitzes durch Angela Merkel im Jahre 2000 führte zu einer Erholung in der politischen Stimmung. Doch für das Wahljahr 2002 reichte dies nicht aus. Das rasche und entschlossene Handeln Schröders bei der Bewältigung der Flutkatastrophe, sowie die populistische Instrumentalisierung des Irak-Themas und Fehler in der Wahlkampfstrategie der Union ließen die gegenwärtige Regierungskoalition im Amt (trotz des gleichen Stimmenanteils der beiden Großparteien am Wahltag).*

- **Konfliktlinien**
  - o **Sozioökonomische Konfliktlinie**
    - ▪ Leistungsgerechtigkeit (FDP) vs. Verteilungsgerechtigkeit (PDS)
    - ▪ Sozialstaatskonflikt
  - o **Politisch-kulturelle Konfliktlinie**
    - ▪ Libertäre (Grünen) vs. autoritäre (NPD, Republikaner, DVU) Werte
  - → Parteiensystem bis heute durch eine zweidimensionale Konfliktstruktur geprägt
  - → jeweilige Pole durch die kleineren Parteien repräsentiert

3.3.7 Fluides Fünf-/Mehrparteiensystem seit 2005

- **Relativ starke Fragmentierung: „Fluides Mehrparteiensystem"**
  - o seit Vereinigung sind fünf Parteien (CDU/CSU, SPD, FDP, Grüne, PDS bzw. die Linke, ab 2017 auch AfD) parlamentarisch vertreten
  - o Die Konstellation ist insofern » fluid «, als die Wählerschaft beweglich ist
  - o Gesunkene Mobilisierungsfähigkeit der beiden Großparteien Union und SPD
  - o Offene Wettbewerbssituation um den dritten Platz im Parteiensystem zwischen den kleineren Parteien
  - o zwischen den zwei Großparteien und zwischen den drei/vier kleineren eine offene Wettbewerbssituation
- **Keine strukturelle Asymmetrie** zwischen den beiden Großparteien zugunsten der Union
- **Deutlicher Segmentierungsschub**
  - o Für Bundestagsparteien und Bürgermehrheit kein Wunsch einer Koalition mit AfD (seit 2017) und Linkspartei, welche 22% der Wähler repräsentieren
    - ▪ Die Linke als eine extreme, koalitionsunfähige Partei im Bundestag für Koalitionsbildungen im Sinne des Zwei-Parteigruppensystems ungeeignet
    - ▪ Trennend wirken Erinnerungen an die SED-Herrschaft, ihre NATO-Ablehnung, fragwürdige Demokratievorstellungen und maßlose Sozialforderungen
    - ▪ Seit Gründung der AfD im Jahr 2013 Erfolge auf verschiedenen Ebenen → Die Entscheidung aller Bundestagsparteien, die AfD koalitionspolitisch auszugrenzen, bedeutete, dass nach der Linken eine zweite Partei für Mehrheitsbildungen ausfiel
  - o DAMIT **Koalitionsmöglichkeiten massiv eingeschränkt**
    - ▪ Wahrscheinlichkeit ungewollter und allzu inhomogener Koalitionen hoch
    - ▪ Verbleibende realistische Alternativen sind die Koalitionen von Union/FDP (und Grüne) ODER SPD/Grüne
    - ▪ ABER zukünftige Mehrheitsfähigkeit von Schwarz/Gelb und von Rot/Grün extrem unsicher
    - ▪ CDU und SPD erreichen seit 2005 (Ausnahme 2009) nicht mehr genügend Stimmen für eine Regierungskoalition mit einer kleineren Partei
  - o FOLGE: machtstrategischer Ansatz zur **Erweiterung der Koalitionsoptionen** oder anstelle großer Koalitionen Minderheitsregierungen bilden (evtl. auch ergänzt durch direktdemokratische Elemente wie Volksentscheide)
  - o PROGNOSE einer **Tendenz zur** sinkenden Regierungsstabilität mit Etablierung der **Großen Koalition** als Notlösung?
    - ▪ Bundestagswahl **2005**: SPD-Grüne und CDU/CSU-FDP erreichten keine Parlamentsmehrheit → Große Koalition
    - ▪ Bundestagswahl **2009**: Regierungsmehrheit durch CDU/CSU und FDP (im Sinne des Zwei-Parteigruppensystems (Die Probleme der neuen Konstellation wurden dadurch vorübergehend verdeckt)
    - ▪ Bundestagswahl **2013**: FDP im Bund an Fünf-Prozent Hürde gescheitert → erneute Bildung einer Großen Koalition
    - ▪ Bundestagswahl **2017**: Große Koalition
- **Konfliktlinien**
  - o Zweidimensionale Konfliktdimension fortgeführt (sozio-ökonomisch & sozio-kulturell)

- o **Sozio-ökonomische Konfliktlinie** in Gestalt des Sozialstaatskonflikts (die Linke: Staatsinterventionismus & FDP: konsequente Marktwirtschaft)
- o **Sozio-kulturelle Konfliktlinie** (die Grünen: libertärer Universalismus &AfD: traditionelle Werte und Nationalismus)
- → dabei sind die beiden großen Parteien voneinander nur graduell entfernt, doch umringt von vier kleineren Parteien, die in beiden Dimensionen alle Extrempositionen besetzen
- o **Weitere Konfliktdimensionen** wirken auf das Parteiensystem der Gegenwart
  - Verfassungskonflikt (NPD)
  - Ökologisch-ökonomischer Konflikt (wichtig für die Grünen)
  - Denationalisierung vs. Nationalstaatlichkeit als eigene Konfliktlinie? → das Emporkommen der AfD seit 2013 bejaht diese These

3.3.8 Fazit

- *„Durch die Stimmenverluste von Union und SPD, den Wiedereinzug der FDP und den Erfolg der AfD bei der Bundestagswahl 2017 muss die Charakterisierung als „fluides Fünfparteiensystem" nunmehr hinterfragt beziehungsweise relativiert werden."* (Wagner 2019, S. 116)
- Parteiensystem mit zwei großen Parteien (CDU/CSU und SPD) und vier kleineren Parteien (Bündnis90/Die Grünen, FDP, Die Linke und AfD) in der Mitte zwischen einem Viel- und einem Zweiparteiensystem) → dynamischer Mischtypus (Sartori)
- Parteiensystem im vereinigten Deutschland ist pluralistischer und stärker fragmentiert als in den 1960er und 1970er Jahren [siehe oben]

A) Trend zum polarisierten Pluralismus? (nach Schmidt 2016)

- Politische Landschaft im wiedervereinigten Deutschland
  - o Heterogenere Wählerschaft
  - o Vielfältigeres Parteiensystem
  - o Heterogenere politische Kultur
    - Ost-West-Spaltung zeigt sich in Unterschieden des Wertewandels:
    - Wählerschaft im Osten stärker auf Staat fixiert
    - größere Distanz zum Markt
    - Wertschätzung der Demokratie im Osten geringer
    - Unzufriedenheit über Funktionsweise der Demokratie im Osten höher
- **Politisch-ideologische Spannweite** im Parteiensystem
  - o Polarisierung im deutschen Parteiensystem **gedämpft** und **asymmetrisch**
    - **Gedämpft**: keine entscheidende Rolle der Anti-System-Parteien (wie KPD oder NSDAP in der Weimarer Republik)
    - **Asymmetrisch**: größere Partei einer radikal-populistischen Rechten (wie Front National in Frankreich) fehlt; auch fehlt eine große marktwirtschaftsfreundliche, säkular-konservative Partei (wie Conservative Party der Briten) im Deutschen Bundestag
  - o Dennoch: Höherer Fragmentierungsgrad als vor den 1990er Jahre
- **Politisch-ideologisches Gravitationszentrum** im Deutschen Parteiensystem
  - o bis in die 1980er Jahre eher im Zentrum bzw. rechts vom Zentrum (gemessen auf der Links-Rechts-Achse)
  - o mit Aufstieg der Grünen und der Partei Die Linke Schwerpunkt nach links verschoben

- Sichtbar durch die rot-grüne Bundesregierung von 1998-2005
    - Stärkung des Parteienlagers links von der Mitte
  - o Mit den Bundestagswahlen von 2005, 2009, 2013 und 2017 ist das Gravitationszentrum des Parteiensystems wieder näher an die Mitte gerückt

→ DAMIT *Wandel von einem moderaten zum hoch fragmentierten Parteiensystem* (Vgl. Schmidt 2016, S. 102)

Trend zum polarisierten Pluralismus? (Acht Kriterien nach Sartori)

- **Vorhandensein von systemfeindlichen bzw. -kritischen Parteien** („anti-system parties")
  - o nicht nur offene Systemfeinde gemeint
  - o SONDERN auch Parteien, die die Legitimität des Systems in seiner fundamentalen Betriebslogik unterminieren
  - o *eher systemkritische Attitüden in der AfD-Wählerschaft*
- **bilaterale Opposition**
  - o in pluralistischen Parteiensystemen mit Zweiparteiendominanz ist Opposition auf der ideologischen Hauptachse des Wettbewerbs geschlossen auf einer Seite
  - o FOLGE: Zusammenschluss der Oppositionsparteien als „Regierung im Wartestand" wahrscheinlicher als Zuordnung auf unterschiedliche Seiten der Regierung
  - o *zentrale Lage aller potenziellen Regierungsparteien (CDU/CSU, SPD, Grüne, FDP); Beteiligung an Regierungsbildung für Parteien an Polen ausgeschlossen (zumeist: „minimal winning coalitions")* [siehe Theorie der Koalitionsbildung]
- Für Sartori diese beiden Kriterien zur Identifizierung des Parteiensystemtyps ausreichend; aber Vorschlag sechs weiterer Kriterien:
- **Zentrumsplatzierung** einer (oder mehrerer) Parteien
  - o aufgrund Position und Eigenschaften des Parteiensystems dauerhaft an der Regierung beteiligt
  - o FOLGE: keine bipolare Wettbewerbsstruktur; stattdessen Wettbewerbsbeziehungen triangulär zwischen Zentrum, linkem und rechtem Lager
  - o Zentrum muss sich oppositionelle Kritik von zwei Seiten stellen
  - o *Rechtsverschiebung der AfD besetzt das rechte Lager*
- **Polarisierung**
  - o Vorhandensein von relevanten Parteien mit polaren, zu den Extremen neigenden Positionen
  - o neben Position auch Intensität der Polarisierung entscheidend (ideologische Geschlossenheit, Unversöhnlichkeit) → Bereitschaft zum Kompromiss
  - o *etablierte Parteien konzentrieren sich stärker in der Mitte und verlieren Zuspruch; AfD rückt nach außen und gewinnt an Stärke (Polarisierungsmaß ggü. 2013 stark erhöht)*
- **zentrifugaler Wettbewerb**
  - o Positionierung der abgewanderten Wähler der Volksparteien
  - o *Summe der Stimmanteile der beiden Volksparteien 2017 nur noch bei 53,4% → Haben Union und SPD eher in der politischen Mitte oder an den Rändern Wähler verloren? insgesamt keine klare Tendenz im Sinne des polarisierten Pluralismus*
- **ideologische Strukturierung**
  - o Themenkonfliktlage jenseits konsensual auszuhandelnder Sachfragendifferenzen
  - o tiefe ideologische Gräben innerhalb des Elektorats und der Parteienlandschaft

- o Wahl von Parteien nicht auf spezifische Sachfragenorientierungen zurückzuführen ("true believers")
- o Geänderte Entscheidungsrichtung (Parteipräferenz) bei der nächsten Wahl möglich?
- o *keine starke Schließung im bundesdeutschen Parteiensystem → Offenheit der Wähler für verschiedene politische Angebote*
- **verantwortungsfreie Opposition**
  - o polare Parteien keine potenziellen Koalitionspartner (Grund: eher Austausch von alternativen zentristischen Koalitionspartners)
  - o DAMIT keine Befürchtung, ihre eigenen Politikvorschläge umsetzen zu müssen (maßlose Versprechungen)
  - o *auf Bundesebene Ausschluss der Zusammenarbeit mit Linke oder AfD (auch innerhalb der Bevölkerung unbeliebteste Koalitionsoptionen9 → beide Parteien ohne realisierbares Koalitionspotenzial*
- **Überbietungswettbewerb**
  - o eng zusammenhängend mit ‚verantwortungsfreier Opposition'
  - o Parteiakteure geraten in eine dauerhafte Wahlversprechens-Asymmetrie
  - o *aufgrund gegenwärtigen und vermutlich weiterhin bestehenden Ausschlusses der Koalitionschancen mit Linke oder AfD Möglichkeit eines Überbietungswettbewerb gegeben*

→ **Bundestagswahl 2017** als deutlicher Einschnitt in der Geschichte des **bundesdeutschen Parteiensystems** mit strukturellen Ähnlichkeiten zum Beispiel mit dem Weimarer Parteiensystem und damit lassen sich Vielzahl an Beobachtungen – trotz grundlegender Unterschiede – **zum Syndrom des polarisierten Pluralismus verdichten** (vgl. Wagner 2019, S. 128)

3.4 Auswirkungen von Parteiensystemen
- Auswirkungen auf die **politische Leistungsfähigkeit**
  - o **Stabilität eines politischen Systems** bzw. eines demokratischen Systems
  - o Zweiparteien- und gemäßigte Mehrparteiensysteme tragen zur Festigung demokratischer Systeme bei
  - o Fragmentierte Parteiensysteme anfälliger
    - ▪ vor allem gegenüber extremistischen Parteien
    - ▪ DAMIT Einfluss auf innere Sicherheit; zumindest aber Erschwerung einer Mehrheitsbildung
    - ▪ nach Powell (1986) mehr politische Unruhen und Regierungsinstabilität, wenn der Wähleranteil bei extremistischen Parteien über 15%
  - o Fragmentierungsgrad des Parteiensystems als wichtige Variable zur Erklärung von unterschiedlichen Parteien- und Koalitionsverhalten
    - ▪ Dauer der Koalitionsverhandlungen steigt
    - ▪ Wahrscheinlichkeit einer Koalitionsregierung sinkt (Bsp. Belgien)
- Auswirkungen auf die **wirtschaftliche Leistungsfähigkeit**
  - o Negativer Zusammenhang zwischen politischer Fragmentierung und Staatsverschuldung
  - o *„Je mehr Parteien in einer Regierungskoalition, je mehr Minister in einer Regierung und je kürzer die Amtszeit einer Regierung sind, desto größer sind die Budgetdefizite und umso höher die Verschuldung eines Staates."* (Bernauer et al. 2018, S. 285.)

3.5 Kritik am Parteiensystem

3.5.1 Kritikpunkte
- Kernkritik am deutschen Parteiensystem: PARTEIEN SIND „**ÜBERDEHNT** UND **ABGEKOPPELT**" (Wilhelm Hennis → gegen die Idee von Leibholz, dass Parteien funktionierende Sprachrohre der der Gesellschaft seien)
- Kritik vor allem, dass Parteien ihre gesellschaftliche Basis verloren (***abgekoppelt***), zugleich aber viel staatliche Entscheidungsmacht angehäuft hätten (***überdehnt***)

überdehnt	abgekoppelt
• expansive Rolle der Parteien im politischen Prozess und in anderen gesellschaftlichen Handlungsfeldern	• Parteien verlieren Verankerung in der Bevölkerung
• also auch in Feldern, in denen Parteien nicht zwangsläufig präsent sein müssen: Schulwesen, Rundfunksektor, Wirtschaft, …	• Bezug zur gesellschaftlichen Wirklichkeit eingebüßt
• Aus „Mitwirkung" (GG) wurde machtvolle Omnipräsenz	
• Anpassung entsprechender Gesetze nach (oligarchischen Willen): Bezug auf Parteienfinanzierung (Regelungen im Parteiengesetz nach Wünschen der etablierten Parteien)	

→ **Kombination aus Überdehnung + gleichzeitige Abkoppelung macht Kritik schwerwiegend**
→ Kritik wächst nach Missverhältnis zwischen Privilegien und fehlende gesellschaftliche Legitimation der Parteien

KARTELLPARTEI-GEDANKE (Richard S. Katz/Peter Mair)

- Verschaffung von Ämtern und Mandate für Funktionäre (office-seeking) & Absprache unter den Parteien um Posten
- Verteidigung des Bestands gegen neue Parteien → Abschottung gegenüber neu aufkommenden Parteien
- Missbrauch der Macht und Stellung für eigennützige Zwecke
- Übertragen lässt sich dies auch auf „die politische Kaste/Klasse":
  - o Monolithischer Block, der den Staat ausbeutet
  - o Kritik, dass Parteien nicht mehr demokratisch, sondern top – down geführt werden (bereits 1911 (Robert Michels) These des eisernen/ehernes Gesetzes)
  - o einzelne Mitglieder gegenüber hauptberuflichen Funktionären chancenlos bzw. einflussfrei
  - o Partizipation und Veränderung scheint nicht möglich zu sein

---
Ewig währendes Gesetz der Oligarchie

Innerhalb von komplexen Organisationsstrukturen wie den Massenparteien koppelt sich die Führungselite von der Basis/Mitgliedschaft ab und verfolgt eigene Interessen, womit die Interessen der Basis verloren gehen. Eisernes Gesetz, weil es zwangsläufig bei größeren Organisationen eintritt. Auch: ehernes Gesetz der Oligarchie: unvermeidlich in mitgliedstarken Organisationen

---

INDIKATOREN DIE DIESE KRITIK STÜTZEN: (Parteiverdrossenheit)

- Sinkender Stammwähleranteil (Zahl der Wechselwähler steigen)

- Konzentrationsverlust der etablierten Parteien auf kommunaler Ebene und Landesebene, aber auch auf Bundesebene → Erfolge der Anti-Establishment-Parteien
- Rückläufige Mitgliederzahlen der Parteien (Überalterung der Parteien, weniger junger Menschen):

	SPD	CDU
1990	über 900.000	knapp 800.000
2014	weniger als 500.000	weniger als 500.000

- Innerparteiliche Entfremdung: Weniger Partizipation, sinkendes Engagement, etc.
- Vertrauen in öffentliche Einrichtungen (Forsa Umfrage 2017)
  o Bundespräsident 78%
  o Bundeskanzler 50%
  o Bundestag 48%
  o Bundesregierung 42%
  o **politische Parteien 19%** (Regierungs-/Oppositionsparteien gleichermaßen von Vertrauensverlust betroffen)

3.5.2 Kritik führt zu Reformen
- Öffnung für **neue Mitgliedschaftsformen**
  o lockere Bindungen via „Schnuppermitgliedschaften" → Bsp.: eventbezogene Mitwirkung an Parteiarbeit
  o Gaststatus: Mitgliedschaft mit eingeschränkten Rechten und Pflichten
- **Neue Kommunikationsformen**
  o Online Kommunikation für Wahlkampf, innerparteiliche Organisation, Mitgliederwerbung, etc.
  o Erleichterung des innerparteilichen Austauschs und Mitarbeit in Parteien
  o Ziel: Transparenz- und Attraktivitätszuwachs
- **Innerparteiliche Demokratisierung**
  o direkte innerparteiliche Demokratie, also unmittelbarer Einfluss auf Personal-/Sachfragen (Bsp. CDU in BaWü über die Spitzenkandidaten zur Landtagswahl 2016 oder SPD über Koalitionsverträge der GroKo 2013/2017)
  o Online Partizipationsplattformen an Willensbildungs-/Entscheidungsprozessen

4. Parteien in Deutschland

4.1 Entwicklung der Parteien
(nach Klaus von Beyme)

Ära der ideologisierten Massenparteien (nach 1. WK bis in die 1950er Jahre)

- Entwicklung parallel zur Fortschreitung der Demokratisierung der Systeme
- Möglichkeit der Partizipation (allgemeines Wahlrecht) ermöglicht Zugang breiter Bevölkerungsmassen (Versuch der Parteien neue Wählerschaft zu kanalisieren)
- Parteien für die Anwerbung neuer Mitglieder auf Werbekraft ihrer Ideologie und Programme angewiesen
- Massenparteien entlang deutlich sichtbarer Klassenkonflikte und ideologischer Gegensätze aufgestellt

Ära der Volksparteien (Ende 1950er bis Ende der 1970er Jahre)

- **Wandel der Programmatik**
  - o Werbekraft der Ideologien nahmen Mitte des 20. Jahrhunderts ab
  - o Parteien damit noch weniger in ihren Hauptzielgruppen begrenzt
  - o landesweite Wettbewerbssituation der Parteien nimmt demzufolge zu
  - o Abnahme der traditionellen Parteiidentifikation → Bemühung um mehr Wählerstimmen → Anspruch der großen Parteien, die gesamte Bevölkerung zu repräsentieren (Gedanke der Volkspartei)
- **Funktion der Zielfindung**
  - o Erziehungsfunktion geht vermehrt auf Medien über
  - o Sozialisationsfunktion
    - ▪ gegenüber der Masse der Parteimitglieder abgenommen (Rekrutierungsfunktion)
    - ▪ gegenüber den Eliten hingegen intensiviert (Elitenbildungsfunktion)
  - o Weite Politikbereiche, die man früher eher als unpolitisch definierte, sind in die Agenden der Parteien aufgenommen worden

Ära der professionalisierten Wählerparteien (seit Ende der 1970er Jahre)

- zwei konkurrierende Entscheidungsfindungsmuster beeinflussen den Parteienstaat:
  - o der Korporatismus
  - o die neuen sozialen Bewegungen (Entstehung neuer Milieus)
- Beitrag der Trendwellen auf Professionalisierung: Mediatisierung der Politik und Professionalisierung der politischen Kommunikation
- Ziel: Maximierung von Stimmen bei Wahlen (vote seeking)

4.2 Innenleben der Parteien
- **Aufbau und Struktur**
  - o meisten deutschen Parteien verfügen über eine **vertikale Gliederung**
    - ▪ in Bundesverband
    - ▪ Landesverbände
    - ▪ Kreis- und ggf. auch Bezirksverbände/Ortsverbände

- auch europäische/internationale Parteienverbünde möglich)
→ Gefüge basiert auf einer Willensbildungskette von unten, von der Mitgliedschaft, nach oben, zur Parteiführung
- o **Wichtigste verpflichtende Organe:**
    - Vorstand *...ist verantwortlich ggü. und abberufbar durch... (demokratische Grundsätze; Vorgabe des GG)*
    - Mitglieder- bzw. Vertreterversammlung
    - Parteischiedsgericht
    - Weitere Organe möglich: Nebenorganisationen, Expertengremien, ...
- **Prozesse und Entwicklungen**
    - o Machtpolitisches Übergewicht der Parteiführungen gegenüber Mitgliedern oder Delegierten (auf Parteitagen)
    - o Auch auf Ortsvereinsebene: Verlagerung von Entscheidungen in kleine Führungszirkel; begründet durch:
        - Kapazitätsgrenzen großer Gruppen
        - Informations- und Kommunikationsprobleme
        - Besserer Zugang der Parteifunktionsträger zu Massenmedien
    - o Nominierung von Kandidaten für Wahlen
        - Im Vorfeld oft Einigungen zwischen den Eliten der jeweiligen Parteigliederungen
        - Ausgewogene Berücksichtigung verschiedener Regionen und innerparteilicher Strömungen
        - Ungefähr gleiche Repräsentation der beiden Geschlechter (eher bei *Die Grünen, Die Linke, SPD* der Fall)
        - Für Wahlkreiskandidaten sind örtliche Führungsgruppen ausschlaggebend (nicht unbedingt Landes- oder Bundesparteipolitiker)
    - o Rückgang von Parteimitgliedschaften (bei einigen Parteien)
        - Parteimitglieder kein repräsentatives Spiegelbild der Gesellschaft, weil...
            - ...Anteil der mittleren/älteren Jahrgänge größer
            - ...Arbeiter, (Haus-)Frauen und Jüngere tendenziell unterrepräsentiert
            - ...Bildungsgrad von Parteimitgliedern insgesamt über dem der Gesamtbevölkerung ist
→ **Deutsche Parteien entwickeln** sich allgemein **weg von Massen- bzw. Mitgliederparteien hin zu professionellen, auf Medienkommunikation spezialisierten Parteiorganisationen** oder Fraktionsparteien

4.3 Politische Parteien in der Bundesrepublik

4.3.1 CDU

- Gründung 1950
- Neben SPD wichtigste deutsche Partei seit Gründung der Bundesrepublik
- In Bayern kein Landesverband der Partei → Schwesterpartei CSU
- Viele Mitglieder gehörten früher der Deutschen Zentrumspartei oder kleineren (rechts-) liberalen Parteien an
- Breites interkonfessionelles, bürgerliches und konservatives Wählermilieu
- Content

- o In der Wirtschafts- und Sozialpolitik überwiegend gemäßigt rechte oder wirtschaftsliberale Forderungen
- o Gesellschaftspolitisch vorrangig wertkonservative Positionen
- Jugendorganisation: Junge Union
- Parteinahe politische Stiftung: Konrad-Adenauer-Stiftung

4.3.2 CSU
- Gründung Ende 1945 bzw. Anfang 1946
- Bayerische Regionalpartei mit bundesweiter Bedeutung
- Mitglieder früher teilweise der ehemaligen Bayerischen Volkspartei angehörig
- Zusammenschluss der christlichen und konservativen Parteien zur CDU lässt CSU unberührt
  → von Anfang an stark föderalistisch und organisatorisch unabhängig
- Wahlsituation
  - o CSU erreicht regelmäßig bei Bundestagswahlen mehr als 5 Prozent der Wählerstimmen im Bundesgebiet + meiste bayerische Direktmandate
  - o Im Bundestag Fraktionsgemeinschaft zwischen CDU und CSU
- Politiklinie wie CDU (gesellschaftspolitische Positionen traditionalistischer als jene der CDU)
- Parteinahe politische Stiftung: Hanns-Seidel-Stiftung

4.3.3 SPD
- Hat längste Tradition der heutigen deutschen Parteien
- Vorläuferorganisationen
  - o Allgemeiner Deutscher Arbeiterverein
  - o Sozialdemokratische Arbeiterpartei
  - o 1875: Fusion zur Sozialistischen Arbeiterpartei Deutschlands
  - o 1890: Umbenennung zur Sozialdemokratische Partei Deutschlands
- Geschichtliches
  - o Deutsche Kaiserzeit: SPD zweitweise als stärkste Fraktion im Reichstag
  - o Weimarer Republik:
    - ▪ SPD spielt eine führende Rolle in der Politik
    - ▪ Mit Beginn der NS-Zeit: Verfolgung der Mitglieder; 1933: SPD stimmt als einzige Partei gegen das Ermächtigungsgesetz
  - o Parteiverbot → Neugründung 1945
- Anfangs sozialistische Arbeiterpartei mit einem stark vom Marxismus geprägten Programm
- Später: mitgliederstarke Volkspartei für breite Bevölkerungsschichten
- Spannungen zwischen dem linken und dem rechten Flügel → Parteiabspaltungen USPD, KPD, WASG
- Heute: gemäßigt linke Forderungen in der Wirtschafts- und Sozialpolitik sowie gesellschaftspolitisch liberale Positionen
- Jugendorganisation: Jusos
- Friedrich-Ebert-Stiftung als parteinahe politische Stiftung

4.3.4 FDP
- Bundespolitik der letzten Jahrzehnte als kleine Partei der Mitte geprägt
- In der Tradition des politischen Liberalismus
- Vorläufer
  - o Deutsche Freisinnige Partei (Deutsches Kaiserreich)

- o Deutsche Volkspartei und Deutsche Demokratische Partei (Weimarer Republik)
- Verschiedene liberale Parteiorganisationen mit unterschiedlichen Namen in Deutschland nach dem Zweiten Weltkrieg → Gründung der FDP aus Zusammenschluss im Jahr 1948
- Lange Zeit als kleiner Partner an Bundesregierungen in wechselnden Koalitionen beteiligt
- Wirtschafts- und Sozialpolitik Vertretung von wirtschaftsliberalen/rechten Forderungen und gesellschaftspolitisch vorrangig freiheitliche oder libertäre Positionen
- Jugendorganisation: Junge Liberale
- Parteinahe politische Stiftung: Friedrich-Naumann-Stiftung

4.3.5 Bündnis90/Die Grüne
- Vergleichsweise junge Partei mit ost- und westdeutschen Wurzeln
- Gründung 1980 und 1983 Einzug in den Deutschen Bundestag
- In der Bürgerbewegung der ostdeutschen Wendezeit entstanden zahlreiche Gruppierungen:
  - o Demokratie Jetzt
  - o Initiative Frieden und Menschenrechte
  - o Neues Forum
  - → als Listenvereinigung Bündnis 90 auch mit ostdeutschen Grünen Teilnahme an Wahlen
- Zusammenschluss der ost- und westdeutschen Grünen 1990 → 1993: Fusion von Bündnis 90 und Grünen
- Wirtschafts- und Sozialpolitik überwiegend gemäßigt linke Forderungen und gesellschaftspolitisch vorrangig liberale Positionen (Schwerpunkt auch: umfassende Umwelt- und Nachhaltigkeitspolitik)
- Jugendorganisation: Grüne Jugend
- Parteinahe politische Stiftung: Heinrich-Böll-Stiftung

4.3.6 Die Linke
- Zusammenschluss zur Partei Die Linke:
  - o Ostdeutschland: Partei des Demokratischen Sozialismus (PDS) als Nachfolgepartei der Sozialistischen Einheitspartei Deutschlands (SED)
  - o 2005 Umbenennung der Partei zur: Die Linkspartei.PDS
  - o Westdeutschland: Entstehung aus gewerkschaftsnahen und SPD-kritischen Mitglieder die Partei Arbeit & Soziale Gerechtigkeit – Die Wahlalternative (WASG)
  - o Zusammenschluss der Linkspartei.PDS und WASG zur Partei Die Linke im Jahr 2007
- In ostdeutschen Ländern zum Teil Status einer Volkspartei (mehr Stimmen als SPD)
- Wirtschafts- und Sozialpolitik linke und staatsinterventionistische Standpunkte und gesellschaftspolitisch vorrangig freiheitliche Positionen
- Jugendorganisation: Linksjugend Solid
- Parteinahe politische Stiftung: Rosa-Luxemburg-Stiftung

4.3.7 Die AfD
- Gründung 2013 → 2017 Einzug in den Deutschen Bundestag
- Nach Abwahl des damaligen Parteivorsitzenden und Mitgründers Bernd Lucke
  - o Stärkerer Einfluss der innerparteilichen rechtskonservativen Flügel
  - o Von Lucke initiierte Parteiabspaltungen Allianz für Fortschritt und Aufbruch (ALFA) und Liberal-Konservative Reformer (LKR) bisher politisch bedeutungslos
- Wirtschafts- und Sozialpolitik überwiegend rechte oder nationalliberale Forderungen und gesellschaftspolitisch vorrangig konservative und stark traditionalistische Positionen
- Jugendorganisation: Junge Alternative

5. Deutschland – ein Parteienstaat?

5.1 Definition

*„Der Begriff **Parteienstaat** hat heute eine **doppelte Bedeutung**. Einerseits ist er ein politikwissenschaftlicher und verfassungsrechtlicher Fachbegriff, der die **Bedeutung der Parteien für die parlamentarisch-pluralistische Demokratie** in Deutschland hervorhebt. Andererseits unterstellt er **abwertend** in der politischen Debatte, dass die **Parteien den Staat beherrschen**."* (Alemann 2015, S. 450)

5.2 Zentralität und Dominanz der Parteien im Parteienstaat

→ Zentralität und Dominanz der politischen Parteien im deutschen Parteienstaat (vgl. Alemann 2015, S. 452.)

Intermediärer Bereich	Gouvernementaler Bereich
- Organisation von Wahlen - Rekrutierung und Selektion des politischen Personals - Artikulation gesellschaftlicher Interessen - Aggregation gesellschaftlicher Interessen - Organisierung von Unterstützung und Loyalität für Entscheidungen des politischen Systems	- Regierungsbildung - Programmsetzung, Politikformulierung und –implementierung - Koordination der Politik - Selektion von öffentlichen Amts- und Mandatsträgern - Adressat von gesellschaftlichen und politischen Forderungen

5.3 Ausgewählte Kriterien

→ Überprüfung der These *„Ist Deutschland ein Parteienstaat?"* anhand folgender Vergleichspunkte (vgl. Rudzio 2015, S. 101ff.)

5.3.1 Inkorporierung in die Verfassung

Der „Parteienstaat" des Grundgesetzes (Art. 21 GG)

(1) Die Parteien wirken bei der politischen Willensbildung des Volkes mit. Ihre Gründung ist frei. Ihre innere Ordnung muss demokratischen Grundsätzen entsprechen. Sie müssen über die Herkunft und Verwendung ihrer Mittel sowie über ihr Vermögen öffentlich Rechenschaft geben.

... (5) Das Nähere regeln Bundesgesetze

- Schlussfolgerungen
  - zentrale Rolle der Parteien bei der politischen Willensbildung
  - Das BVerfG bestätigt die wichtige Rolle der Parteien in seinem Urteil aus dem Jahr 1992
  - DAMIT Aufhebung der Parteien in den Stand verfassungsrechtlich notwendiger Institutionen
  - ABER: Parteien nehmen als Organisationen des öffentlichen Lebens nur eine vermittelnde Stellung zwischen Staat und Gesellschaft ein
  - ALSO sind sie kein klassisches Staatsorgan

Konkretisierung im Parteiengesetz

„§ 1 Verfassungsrechtliche Stellung und Aufgaben der Parteien

(1) Die Parteien sind ein verfassungsrechtlich notwendiger Bestandteil der freiheitlichen demokratischen Grundordnung. Sie erfüllen mit ihrer freien, dauernden Mitwirkung an der politischen Willensbildung des Volkes eine ihnen nach dem Grundgesetz

obliegende und von ihm verbürgte öffentliche Aufgabe.

(2) Die Parteien wirken an der Bildung des politischen Willens des Volkes auf allen Gebieten des öffentlichen Lebens mit, indem sie insbesondere
- *auf die Gestaltung der öffentlichen Meinung Einfluss nehmen,*
- *die politische Bildung anregen und vertiefen,*
- *die aktive Teilnahme der Bürger am politischen Leben fördern,*
- *zur Übernahme öffentlicher Verantwortung befähigte Bürger heranbilden,*
- *sich durch Aufstellung von Bewerbern an den Wahlen in Bund, Ländern und Gemeinden beteiligen,*
- *auf die politische Entwicklung in Parlament und Regierung Einfluss nehmen,*
- *die von ihnen erarbeiteten politischen Ziele in den Prozeß der staatlichen Willensbildung*
einführen und
für eine ständige lebendige Verbindung zwischen dem Volk und den Staatsorganen sorgen.

(3) Die Parteien legen ihre Ziele in politischen Programmen nieder.

(4) Die Parteien verwenden ihre Mittel ausschließlich für die ihnen nach dem Grundgesetz und diesem Gesetz obliegenden Aufgaben."

→ **Hohe Bedeutung der Parteien in der rechtlichen Verankerung**

5.3.2 Wahl von Parteien
- in BRD primär Parteien gewählt (sichtbar in den geringen Differenzen zwischen Erst- und Zweitstimmen bei Bundestagswahlen)
- nur vereinzelt werden auch populäre Abgeordnete aufgrund ihrer Persönlichkeit gewählt

Alternativen zur Wahl von Parteien (vgl. Alemann et al. 2018, S. 267ff.)
- **Wahlverweigerung** als Alternative zur Wahl der etablierten Parteien auf Bundesebene
    - o ablesbar an der Wahlbeteiligung:

1998:	2002:	2005:	2009:	2013:	2017:
82,2%	79,1%	77,7%	70,8%	71,5%	76,2%

    - o Nach Abwärtstrend bis 2009 ist seither wieder ein Anstieg der Wahlbeteiligung zu verzeichnen
    - o Bezug auf Formen der Nichtwähler (technische, grundsätzliche, konjunkturelle oder bekennende Nichtwähler) und deren Einfluss auf die Legitimität des Parteiensystems [siehe Wahlsystem]
    - o Problematisch wenn der Anteil der Nichtwähler größer ist, als die jeweils größte Partei
    - o Wahlbeteiligung bei Landtagswahlen bzw. Kommunalwahlen tendenziell geringer

- **„Anti-Parteien-Parteien"**
    - o Bedeutung der „Nicht-Parteien" ein Trend der Zukunft
    - o Parteifreie Akteure treten vor allem auf kommunaler Ebene als Bürgerinitiativen oder Wählergemeinschaften auf (Wissenschaftlicher Begriff: „kommunale Wählergemeinschaften")
    - o Zusammenschlüsse von Bürgern oftmals aus Ablehnung oder aus Enttäuschung über die vor Ort handelnden Parteien entstanden
    - o Trotz Ablehnung Wahrnehmung von Funktionen einer Partei, wie z.B.:

- Artikulation von Forderungen
- Interessenbündelung
- Rekrutierung von Personal für Ämter und Mandate
  - Beispiele für „Nicht-Parteien"
    - Baden-Württemberg: 2014 erreichten Wählervereinigungen bei den Gemeinderatswahlen insgesamt 31,4% (mehr Stimmen als die CDU und andere Parteien)
    - Freie Wähler in Bayern: Freie Wähler bilden somit ein Hybrid aus Partei und Wählergemeinschaft (damit eine Alternative zu etablierten Parteien) → Entscheidend hier auch die Aufstellung bei Landtagswahlen durch obligatorisch rechtliche Bildung in Form einer Partei
  - Wirkungsfeld
    - Auf lokale Ebene beschränkt und damit Fokus auf Kommunalpolitik
    - Kandidaten zur Wahl des Gemeinde- oder Kreistags, Amt des Bürgermeisters oder des Landrats
- **Direktdemokratische Elemente**
  - Einführung direktdemokratischer Elemente als mögliche Reaktion auf Parteienkritik
  - Mittel: Volksabstimmungen, Bürgerbegehren oder Referenden
  - Auf Landesebene: Volksinitiative, Volksbegehren und Volksentscheide bereits etablierte Verfahren
  - Auf Bundesebene bis auf Ausnahme Art. 29 GG keine vergleichbaren Instrumente

→ *Hohe Bedeutung der Wahlen bei Besetzung der Mandate auf Bundesebene von Parteien, durch, auf anderen Ebenen geringfügig Ausnahmen verfügbar*

5.3.3 Parteien als Handlungseinheiten
- Art. 21 GG, Abs. 1: Die Parteien **wirken** bei der politischen Willensbildung des Volkes **mit**
  - Mitwirkung, keine Dominanz [siehe auch Kritik am Parteiensystem]
  - Mitakteure: Interessensorganisationen, politische Bewegungen sowie Medien

→ *damit geringe Bedeutung*

5.3.4 Bindung an Parteibeschlüsse
Spanungsverhältnis zwischen Mitwirkungsrecht der Parteien nach Art. 21 GG und dem freien Abgeordnetenmandat nach Art. 38 GG (vgl. Alemann et al. 2018, S. 119)

- In der politischen Wirklichkeit von beiden ein bisschen:
  - **Art. 38 GG als besonderer Schutz der Abgeordneten** vor aufdringlichem Fraktionszwang
    Fraktionszwang = Fraktion als parlamentarische Partei zwingt einen Abgeordneten zu einem bestimmten Abstimmungsverhalten → bei abweichendem Verhalten oder Fraktions- und Parteiwechsel Entzug des Mandats
  - Im Ggs. dazu **Entscheidungen im Sinne der Fraktionsdisziplin**: Unterordnung der Abgeordneten, um gemeinsame Abstimmungsergebnisse zu erreichen (Wichtig für die Arbeitsfähigkeit des Parlaments)

→ *Hohe Bedeutung der Parteivorgaben bei Entscheidungen im Bundestag*

5.3.5 Rekrutierung des politischen Personals
- Innerparteiliche Karrieren voraussetzend zur Erreichung politischer Mandate und Ämter
- Parteien sind der alleinige Aufstiegskanal für das politische Personal
- Beispiel: Bundesministerium
    - An der Spitze der jeweilige Bundesminister → in meisten Fällen ein führender Parteipolitiker der Regierungskoalition
    - größtenteils Bundesvorstandsmitgliedschaft als Aufstiegskanal zu einem Posten in der Regierung, selten Rekrutierung eines Parteilosen
    - Bundesminister sind mittelbar demokratisch legitimiert: direkt gewählter Bundestag wählt Bundeskanzler, welcher die Kompetenz zur Ernennung und Entlassung der Bundesminister besitzt

5.3.6 Durchdringung des öffentlichen Dienstes
- Symbiose der Parteien mit Vorstellungen des Bundes, der Länder und der Gemeinden
- bei Einstellungen und Beförderungen im öffentlichen Dienst wird auch Parteizugehörigkeit mitbeachtet (WICHTIG zugrunde gelegtes Qualifikationskriterium muss gegeben sein)
- Für die Andockung der Parteien an den Staat bedarf es an geeigneten Anlegestellen
    - **Bundesministerium** (siehe Punkt oben)
        - Personalpolitische Spielräume des Bundesministers (Begrenzung aus Beamtenrecht, Mitwirkungen von Personalrat, Knappheit um Planstellen und Aufstiegsstellen)
        - Personalmacht bei sog. politischen Beamten in Leitungsebenen des Ministeriums: Staatssekretäre, Abteilungsleiter, auch: persönliche Referenten und Öffentlichkeitsmitarbeiter
        - Für Durchsetzung seiner Politik wichtig, Stellen der politischen Beamten jederzeit neu besetzen zu können
    - **Staatssekretäre**
        - Unterscheidung zwischen beamteten und parlamentarischen Staatssekretären
        - Parlamentarische Staatssekretäre überwiegend Parteipolitiker (müssen in der Regel Bundestagsabgeordnete sein) und außerhalb der Linienorganisation des Ministeriums angesiedelt (keine Verwaltungsfunktion, lediglich Entlastung des Ministers bei seinen Aufgaben)
        - Beamtete Staatssekretäre als höchste leitungsbefugte Ministeriale
        - Beide Gruppen zählen zu politischen Beamten
        → Bei Regierungs- oder Ministerwechsel auch Wechsel des politischen Personals

    - **Weitere Stellen**
        - Parlaments- bzw. Landtagsmandate (siehe Wahlen)
        - Abgeordneten- und Fraktionsmitarbeiter
        - Stellen in der Europäischen Union
        - Stellen in anderen internationalen Organisationen
        - Einsetzung der Schulleiter, Dezernatsleiter und Vorstände kommunaler Betriebe (auch erfahrungsgemäß nach Parteibuch)
        - Ernennung höchster Richter
        - Einsetzung von leitenden Journalisten in öffentlich-rechtlichen Medien
→ *Neigung zu einer Parteibuchwirtschaft und damit hohe Bedeutung*

5.3.7 Staatliche Parteienfinanzierung

- Parteien werden zu einem beträchtlichen Teil staatlich finanziert
- ABER: Mitgliedsbeiträge und Spenden gehören ebenfalls zu den Hauptquellen
- Maßstäbe für Verteilung der staatl. Finanzierung: Wahlerfolg → Gesamtstimmenanteil, Beitragssumme, Spendenumfang
- Relative Obergrenze: Summe der Einnahmen darf nicht überschritten werden
- Wählerbedürfnisse müssen weiterhin berücksichtigt werden → Hälfte der Finanzierung muss von den Parteien getragen werden
  → *Geringe Bedeutung*

5.3.8 Fazit

BRD weder Modell eines rein repräsentativen Parlamentarismus noch dem eines Parteienstaates

→ *BRD trägt parteienstaatliche Züge, ohne im vollen Sinne ein Parteienstaat zu sein!!!*

6. Literaturhinweise

ALEMANN, Ulrich von (2015): *Parteienstaat*. In: Nohlen, Dieter/Grotz, Florian (Hrsg.): Kleines Lexikon der Politik. Bonn, S. 450-452.

ALEMANN, Ulrich von/ERBENTRAUT, Philipp/WALTHER, Jens (2018): *Das Parteiensystem der Bundesrepublik Deutschland. Eine Einführung.*

BERNAUER, Thomas/JAHN, Detlef/KUHN, Patrick/WALTER, Stefanie (2018): *Einführung in die Politikwissenschaft*. Baden-Baden.

HARTMANN, Jürgen (2013): *Das politische System der BRD im Kontext*. Eine Einführung. Wiesbaden.

JUN, Uwe (2015): *Parteiensystem*. In: Nohlen, Dieter/Grotz, Florian (Hrsg.): Kleines Lexikon der Politik. Bonn, S. 452-456.

NIEDERMAYER, Oskar (2006): *Das Parteiensystem Deutschlands*. In: Niedermayer, Oskar/Stöss, Richard/Haas, Melanie (Hrsg.): Die Parteiensysteme Westeuropas. Wiesbaden, S. 109-133.

NIEDERMAYER, Oskar (2009): *Gesellschaftliche und parteipolitische Konfliktlinien*. In: Kühnel, Steffen/Niedermayer, Oskar/Westle, Bettina (Hrsg.): Wähler in Deutschland. Sozialer und politischer Wandel, Gender und Wahlverhalten. Wiesbaden, S. 30-67.

RUDZIO, Wolfgang (2015): *Das politische System der Bundesrepublik Deutschland*. Wiesbaden.

SCHULTZE, Rainer-Olaf (2015): *Partei*. In: Nohlen, Dieter/Grotz, Florian (Hrsg.): Kleines Lexikon der Politik. Bonn, S. 445-448.

WAGNER, Aiko (2019): *Typwechsel 2017? Vom moderaten zum polarisierten Pluralismus*. Zeitschrift für Parlamentsfragen, 50 (1), S. 114-129.

BEI GRIN MACHT SICH IHR WISSEN BEZAHLT

- Wir veröffentlichen Ihre Hausarbeit, Bachelor- und Masterarbeit

- Ihr eigenes eBook und Buch - weltweit in allen wichtigen Shops

- Verdienen Sie an jedem Verkauf

Jetzt bei www.GRIN.com hochladen und kostenlos publizieren